AF250567

Survey Guennes

Braillons

1576

LA

FAMILLE MESSINE

DES PRAILLON

NOTICE

ACCOMPAGNÉE DE DOCUMENTS INÉDITS

PAR

ÉTIENNE CHARAVAY

archiviste paléographe

PARIS LIBRAIRIE Jᵉ CHARAVAY AINÉ

Rue de Seine, 51

1876

Tiré à 30 exemplaires et 5 sur vergé teinte.

LA
FAMILLE MESSINE

DES PRAILLON

D ans un livre qu'il a récemment publié (1), M. P. Charles
Robert, membre de l'Institut, a extrait de généalogies manuscrites un passage concernant le plus
illustre chef de la famille Praillon, Jacques. Voici ce
fragment :

« Jacques Praillon, seigneur de Tragny, Sorbey, Aube, Mon-
cheux, etc., conseiller au conseil privé du roi et son secrétaire
interprète en langue allemande, fut employé dans diverses léga-
tions et ambassades, notamment par le duc d'Anjou, depuis
le roi Henri III, dans celle qui lui procura la couronne de
Pologne; il fut aussi Amant de Saint-Marcel, Treize et Conseiller, et plusieurs fois Maître-Échevin, et mourut octogénaire, le
6 mai 1623. Il avait épousé, le 10 novembre 1578, Salomé,
fille de François Pierrot, de Nomeny, morte le 28 octobre 1635,
et dont il eut :

« 1° Jean-Baptiste Praillon, né le 23 mai 1580, chanoine de la

____

(1) *Mélanges de numismatique et d'archéologie*; Paris, Dumoulin, 1875, in-8.

cathédrale le 20 décembre 1594, mort au mois de septembre 1597 ;

« 2º Philippe Praillon, né le 28 janvier 1582, d'abord chanoine de la cathédrale le 8 octobre 1597, résigna en 1605 et fut ensuite Amant de Saint-Marcel, Treize et Conseiller, Maître-Échevin, et enfin Lieutenant Général du bailliage le 19 juillet 1641 ; il mourut le 11 décembre 1645, ayant épousé Anne Hellotte, morte au mois d'août 1638 et dont il ne laissa pas de postérité. — Philippe Praillon avait composé des mémoires curieux sur l'histoire de Metz, qui, restés manuscrits, ont été perdus ; Meurisse en parle dans son Histoire des Évêques ;

« 3º Jean Praillon, né le 22 mars 1588, chanoine de la cathédrale le 21 juin 1605, archidiacre de Sarrebourg, mort à 39 ans, le 4 février 1627 ;

« 4º François Praillon, né le 30 septembre 1591, religieux bénédictin de la maison de Saint-Vincent et prieur titulaire d'Augny, mort le 18 mars 1624 ;

« 5º Jacques Praillon, né le 13 novembre 1596, vivant en 1606, mort sans postérité ;

« 6º Madelaine Praillon, née le 8 janvier 1584, mariée, le 8 février 1599, à Antoine de Linage, écuyer, seigneur de Noysaye, Blassy et Marne-la-Maison, Lieutenant Général du bailliage de Vitry, et veuve en 1642 (époque de la vente de la maison sise au bas de Chapelerue) ; Antoine était fils de Jacques de Linage, aussi Lieutenant Général dudit bailliage, et de Madelaine de Braux ;

« 7º Anne Praillon, née le 10 juin 1585, mariée, le 7 juin 1602, à Siméon Aubertin, seigneur de Suzémont, conseiller et chancelier à vie de l'évêque de Metz ;

« 8º Françoise Praillon, née le 8 septembre 1594, mariée, le 8 février 1614, à Lazare de Selve, seigneur des Martignons, conseiller d'État et président de Metz, dont elle fut la seconde femme et dont elle eut deux enfants ;

« 9º Jeanne Praillon, née le 25 mai 1599, mariée à Nicolas de Ceretany, sieur de la Vigerie, capitaine en la garnison, mort à 77 ans, le 8 janvier 1678 ;

« Et 10° Catherine Praillon, née le 4 mars 1601, mariée : 1° le 26 novembre 1616, à Philippe de Garges, écuyer, enseigne au régiment des gardes du Roi ; 2° à Vary de Chassenoy, aussi écuyer, seigneur de Han-sur-Seille, mort le 25 janvier 1637. »

I

Jacques Praillon fut élevé trois fois au Maître-Échevinat, d'abord le 28 juillet 1578 ; c'est le millésime gravé sur la monnaie suivante :

Selon l'usage qu'avaient adopté ses prédécesseurs depuis le milieu du xvi° siècle, Jacques Praillon émit, à l'occasion de son entrée en charge, une monnaie ayant cours légal et destinée vraisemblablement à des distributions au peuple. M. Robert a dit le dernier mot sur cet empiétement des droits régaliens fait par de simples magistrats municipaux. Nous renvoyons à sa belle monographie du monnayage maître-échevinal (1). Pour nous, il nous suffit de profiter de l'obligeance qu'a mise l'auteur à nous communiquer les dessins de certaines pièces frappées au nom ou à la devise des Praillon. Nous pouvons ainsi rendre plus sensible la puissance de cette famille.

Jacques Praillon avait quitté l'administration maître-échevinale en août 1581 ; il la reprit le 24 août 1588. Il fit probablement frapper monnaie pour inaugurer la seconde période de sa magistrature comme il avait inauguré la première, mais on n'a

(1) *Recherches sur les monnaies et les jetons des Maîtres-Échevins*; Metz, 1853, in-4.

aucun exemplaire de cette émission. Un jeton, dont le coin
porte la date de 1594, est le seul souvenir métallique qui rappelle l'une des douze années que Jacques Praillon passa aux
affaires de 1588 à 1600.

Ce jeton montre d'abord les armes de famille : de gueules à la
bande d'argent, chargée d'une coquille de sable entre deux roses
de gueules. Au revers un symbolisme qu'explique la légende :
VINCIT QVI PATITVR. C'était la devise favorite de Jacques, celle
qu'il reproduisait sous les autres formes : ENDVRER POVR DVRER,
PATIENTIA VICTRIX, celle qu'il devait bientôt mettre en pratique.
En mars 1595, lorsque M. de Soboles, qui commandait à Metz,
eut rétabli une taille contre laquelle le peuple protestait depuis
longtemps, le Maître-Échevin vit son hôtel envahi par la foule.
Plus tard, il se fit l'ennemi du Gouverneur et paya de la prison
sa résistance à l'officier royal (21 avril 1601).

En 1604, Jacques Praillon était une troisième fois appelé à
prendre en main la direction municipale de la cité, et c'est alors
qu'il fit frapper la petite monnaie que voici :

Il renonça définitivement au commerce des affaires publiques
en 1605, dix-huit années avant sa mort.

Jacques Praillon avait dès sa jeunesse été attaché à la Cour de France comme interprète en langue germanique. Il devait d'autant mieux remplir cette mission, qu'il était l'un des citoyens les plus honorés d'une ville unie à l'Allemagne par ses traditions féodales et ses attaches impériales. Depuis que le protectorat de la France s'était imposé à la fière cité, Metz était devenue pour les Valois le centre d'action le plus favorable au développement de leurs relations diplomatiques d'outre Rhin. La lettre suivante adressée par Henry III à son « cousin le Lantgrave de Hessen » témoigne de l'estime que le Roi faisait de son interprète. Jacques Praillon y apparaît moins avec le rôle d'un simple truchement que comme un habile intermédiaire dans des ambassades délicates à conduire :

« Mon Cousin, s'en allant en Allemagne, le jeune Praillon, mon secrétaire interprète en langue germanicque pour aucuns affaires particuliers qu'il y a, je l'ay voulu charger de ce mot de lettre pour vous visiter de ma part et vous dire des nouvelles de ma bonne santé, affin que à son retour il m'en rapporte aussy des vostres que j'entendray aussi voluntiers que autres qui me puissent venir de quelque part que ce soit, vous priant de me continuer tousjours en vostre bonne volunté et affection en laquelle vous vous pouvez asseurer que je vous corresponderay d'aussy bon cœur que je supplye le Créateur, mon Cousin, qu'il vous ait en sa saincte et digne garde. Escript à Paris le IIIe jour de décembre 1579.

HENRY

BRULART

Les fonctions du truchement étaient si nécessaires à la Royauté, que Jacques Praillon ne les cessa pas à la mort de celui qu'il avait servi et comme duc d'Anjou et comme chef d'État. Ces fonctions devinrent en quelque sorte une institution royale. C'est ce qui semble bien marqué dans la quittance suivante :

« Je Jacques Praillon, truchement en langue germanique, entretenu par le Roy à Metz, confesse avoir receu comptant de M° Ger-

main Le Charron, conseiller du dit seigneur et trésorier général
de l'extraordinaire de ses guerres, par les mains de M° Claude
Le Sueur, trésorier provincial du dit seigneur au gouvernement
de Metz et Verdun, la somme de vingt-deux escus treize solz
quatre deniers à moy ordonnée pour mon estat et appointement
du mois de may et juing derrenier passez, de laquelle somme de
xxii ll. xiii s. iiii d. je me tiens contant et bien paié et en quicte
le dit sieur Le Charron, trésorier susdit, tesmoing mon seing cy
mis le xxi septembre mvc iiiixx quatre.

Au verso on lit :

« Pour servir de quictance de la somme de vingt-deux escus
treize solz quatre deniers pour mon estat des moys de may et
juing 1584. »

II

Le second fils de Jacques, Philippe Praillon, fut élu Maître-
Échevin en septembre 1633, l'année même où Louis XIII créait
le Parlement à Metz. La Compagnie nouvelle avait pour mission
de lutter contre les priviléges municipaux, au profit de la
Royauté. Elle devait supprimer les monnayages illégaux attenta-

toires à l'intégrité du droit régalien. Toutefois Philippe Praillon eut encore le temps de fêter sa bienvenue aux affaires par l'émission d'une monnaie :

On a même retrouvé un exemplaire sur flan d'or. C'était une de ces pièces d'honneur que les Maîtres-Échevins faisaient frapper avec les mêmes coins que leurs monnaies, et qu'ils offraient aux personnages considérables de la cité.

La légende du revers est la devise paternelle ENDVRER POVR DVRER. Philippe Praillon, *escuyer, seigneur de Sorbey, conseiller du Roy*, reproduisit cette devise avec ses armes de famille et tous ses titres, y compris celui de Maître-Échevin récemment acquis, sur un jeton à la date de 1633.

III

Comme on l'a vu plus haut d'après les généalogies manuscrites, la neuvième enfant de Jacques Praillon, Jeanne, avait épousé Nicolas de Ceretani. Pourtant le jeton suivant unit en une seule légende, ce même N [icolas] de Ceretani à une Praillon dont le prénom est indiqué par l'initiale C. Cette initiale

semble rappeler, non la neuvième, mais la dixième enfant de
Jacques C [atherine], qui, mariée deux fois, suivant le président d'Hannoncelles, n'aurait cependant pas épousé un Ceretani.

Il y a là une obscurité généalogique. Faudrait-il croire
qu'en 1642 Catherine, veuve dès 1637, aurait épousé en troi-
sièmes noces son beau-frère, veuf lui-même? Au reste, si
M. Robert a publié ce jeton, c'est moins pour le problème bio-
graphique qu'il soulève que pour le souvenir antique exprimé
au revers.

Nicolas de Ceretani, capitaine en la garnison de Metz lorsqu'il s'allia à la riche maison des Praillon, appartenait à une
famille florentine. Son origine toscane a permis d'introduire
dans la légende une flattcrie généalogique par un rapproche-
ment délicat entre le nom de famille Ceretani et le nom d'un
peuple de l'Étrurie, les Cæretani. Une vieille tradition dont
s'honorait la ville de Cære a été reprise selon le goût du temps
et appliquée à la famille de Nicolas, dont elle semblait ainsi
affirmer l'antique existence. Le passage de Valère Maxime, qui
nous a conservé cette tradition, fera mieux comprendre l'idée
subtile renfermée dans la légende et le sujet du revers :

« La Ville était prise par les Gaulois; le Flamen Quirinal et
les Vestales, s'étant partagé le fardeau, emportaient les objets
sacrés ; elles avaient passé-le pont Sublicius et elles commen-
çaient à descendre la pente qui conduit au Janicule, lorsqu'elles
furent aperçues par L[ucius] Alvanius, qui transportait sa femme
et ses enfants sur un chariot. Plus attaché à l'intérêt de la reli-

gion publique qu'à la tendresse privée, il commanda aux siens de descendre du chariot ; il y plaça les vierges et les objets sacrés, puis, interrompant sa route, il les amena jusqu'à l'oppidum de Cære, où ils furent reçus avec la plus grande vénération, et cette bienveillante hospitalité est encore attestée aujourd'hui ; car il fut établi que les choses sacrées s'appelleraient des cérémonies (inde enim institutum est sacra cærimonias vocari), parce que les Cæretins les honorèrent aussi bien pendant les désastres de la République que pendant sa prospérité (1). »

Voici maintenant la conclusion de M. Robert :

« La légende du jeton INDE·CÆREMONIÆ·DICTÆ n'est autre chose que la phrase « inde enim institutum est sacra cærimonias vocari » abrégée de manière à tenir dans un espace très-restreint. Quant à la scène, elle paraît bien montrer les Vestales et L. Alvanius qui s'incline devant leur caractère sacré. Les objets du culte qu'elles portaient, au témoignage de Valère Maxime, ont été, suivant un anachronisme religieux dont on connaît de nombreux exemples, représentés par le graveur sous la forme de l'emblème chrétien. »

(1) Urbe enim a Gallis capta, quum flamen quirinalis, virginesque vestales sacra onere partito ferrent, easque, pontem Sublicium transgressas et clivum qui ducit ad Ianiculum descendere incipientes, L. Alvanius, plaustro coniugem et liberos vehens, adspexisset, propior publicæ religioni quam privatæ caritati, suis ut plaustro descenderent imperavit ; atque in id virgines et sacra imposita, omisso cœpto itinere, Cæretem oppidum pervexit, ubi cum summa veneratione recepta grata memoria ad hoc usque tempus hospitalem humanitatem testantur. Inde enim institutum est sacra cærimonias vocari, quia Cæretani ea, infracto reipublicæ statu perinde ac florente, coluerunt. (Liv. I, ch. I, par. 10.)

Imp. Motteroz, 31, r. Dragon.